Migneron, Rue de Grenelle 117

Migneron, Rue de Grenelle 117

CATALOGUE

DE LA

PRÉCIEUSE COLLECTION

D'OBJETS D'ART

D'ANTIQUITÉS & CURIOSITÉS,

TELS QUE

Antiquités égyptiennes, grecques et romaines, Médailles italiennes du Pisan, françaises et allemandes, Sculptures en bois et en ivoire, Verreries de Venise, Faïences italiennes, Poteries de Henri II, Faïence de Bernard Palissy, Grès de Flandres, Émaux byzantins, Émaux de Limoges, et quantité d'Objets variés;

Composant le Cabinet de Monsieur PREAUX,

dont la vente aura lieu par suite de son décès,

Les Mercredi 9, Jeudi 10, et Vendredi 11 Janvier 1850,

heure de midi,

HOTEL DES VENTES MOBILIÈRES,

RUE DES JEUNEURS, N° 42,

Salle n° 2,

Par le ministère de M° **BONNEFONS DE LAVIALLE,**
Commissaire-Priseur ;
Assisté de M. **ROUSSEL,** Expert.

EXPOSITION PUBLIQUE

Le Mardi 8 Janvier 1850, de midi à quatre heures.

SE DISTRIBUE A PARIS,

Chez MM. BONNEFONS DE LAVIALLE, commissaire-priseur, rue de Choiseul, n. 11;
ROUSSEL, Expert, rue du Dragon, 33;
A LONDRES, chez M. WEBB, 8, old Bond Street.

1850

CATALOGUE

DE LA

PRÉCIEUSE COLLECTION

D'OBJETS D'ART

D'ANTIQUITÉS & CURIOSITÉS,

TELS QUE

Antiquités égyptiennes, grecques et romaines, Médailles italiennes du Pisan, françaises et allemandes, Sculptures en bois et en ivoire, Verreries de Venise, Faïences italiennes, Poteries de Henri II, Faïence de Bernard Palissy, Grès de Flandres, Émaux byzantins, Émaux de Limoges, et quantité d'Objets variés;

Composant le Cabinet de Monsieur PREAUX,

dont la vente aura lieu par suite de son décès,

Les Mercredi 9, Jeudi 10, et Vendredi 11 Janvier 1850,

heure de midi,

HOTEL DES VENTES MOBILIÈRES,

RUE DES JEUNEURS, Nᵒ 42,

Salle nᵒ 2,

Par le ministère de Mᵉ **BONNEFONS DE LAVIALLE,**
Commissaire-Priseur;
Assisté de M. **ROUSSEL,** Expert.

EXPOSITION PUBLIQUE

Le Mardi 8 Janvier 1850, de midi à quatre heures.

SE DISTRIBUE A PARIS,

Chez MM. BONNEFONS DE LAVIALLE, commissaire-priseur, rue de Choiseul, n. 11;
ROUSSEL, Expert, rue du Dragon, 33;
A LONDRES, chez M. WEBB, 8, old Bond Street.

1850

CONDITIONS DE LA VENTE.

Elle sera faite au comptant.

Les acquéreurs paieront, en sus des adjudications, 5 pour cent applicables aux frais.

AVERTISSEMENT.

En faisant précéder ce Catalogue d'un mot d'avertissement, nous obéissons plus à l'usage qu'au désir de faire l'éloge de cette Collection. La réputation d'amateur d'un goût difficile et éclairé dont jouissait à juste titre M. Préaux, enlevé trop tôt aux arts et à ses amis, nous en dispense. Dire que presque tous les objets qui composent sa Collection sont autant de perles par leur fini, leur élégance et leur conservation, c'est augurer avantageusement de l'empressement que nous attendons du Public.

ORDRE DES VACATIONS.

1re VACATION. — Du nº 1 à 139 inclusivement.

2e VACATION. — Du nº 140 à 221 inclusivement.

3e VACATION. — Du nº 222 à 279.

DÉSIGNATION

DES OBJETS.

ANTIQUITÉS ÉGYPTIENNES.

TERRES ÉMAILLÉES.

1 — Epervier à tête humaine : forme symbolique **9**
de l'âme.

2 — Sôou un genou en terre et supportant un **37**
disque de ses deux mains.

3 — Groupe : Phtha-Socharis, la tête surmontée **101**
d'un scarabée et les épaules chargées de
deux éperviers, Nephthys est à sa droite *Louvre*
et Isis à sa gauche. Au revers Isis les ailes
éployées et portant un disque sur sa tête.
Ces quatre figures reposent sur deux cro-
codiles.

4 — Un hérisson, animal consacré à Phré. Sous **21**
sa base est gravée une légende en carac- *Louvre*
tères hiéroglyphiques.

5 — Amulette en terre noire émaillée. Les parties **12**
antérieures d'un lion et d'un taureau *Louvre*
réunies en sens contraire.

6 — Chnouphis (Jupiter Ammon) à tête de bélier.

Rollin 7 — Anubis, fils d'Osiris et de Nephthys. Ce dieu lycocéphale assistait au jugement des àmes et présidait aux embaumements.

8 — Phré (le soleil) à tête d'épervier surmontée du disque.

9 — Trois figurines : la déesse Tmeï (la Vérité), coiffée d'une plume; Selk, coiffée d'un Scorpion; Neïth.

10 — Thoth, ibiocéphale debout. Ce dieu était considéré comme l'instituteur de la religion, des lois et des sciences de l'Egypte.

11 — Deux figurines : Omt (le cerbère égyptien) sous la forme d'un hippopotame dressé sur ses jambes de derrière.

12 — Amulette à trois figures : Horus donnant les mains à Isis et Nephthys.

13 — Autre amulette semblable, mais plus petite.

Louvre 14 — Imouth assis tenant un papyrus déroulé entre ses deux mains

15 — Phtha Patœque (le Vulcain égyptien), sous la forme d'un nain ou pygmée.

16 — Pectoral à jour orné de figures provenant du réseau d'une momie.

Louvre 17 — Deux béliers couchés dont un porte à sa base une légende hiéroglyphique.

Louvre 18 — Deux têtes de bélier surmontées d'un Uranus.

19 — Antilope couchée.

Louvre 20 — Deux lions couchés.

21 — Dieu leontocéphale debout et mitré.

22 — Deux cynocéphales, l'un debout, l'autre ac-
croupi coiffé du disque. 41 *Louvre*

23 — Deux figurines de même dimension : Isis et
Nephthys. 9

24 — Deux figurines : Amon-Ra et Nephthys. 6

25 — Petit vase à couvercle en schiste émaillé
vert. 32 *Foull*

26 — Une colonne avec chapiteau et un bœuf
Apis. 32

27 — Amulette formée de deux lions. 22

28 — Deux amulettes : un Ibis et un hippopotame. 28

29 — Le serpent Agathodemon. Email bleu. 62

30 — Phtha (Panthée), épervier à tête de cynocéphale. 21 *Louvre*

31 — Isis allaitant Horus. 42

32 — Bagues. Bel émail bleu. 39

33 — Profil de femme en terre rouge. 10

34 — Douze pièces diverses en terre émaillée. 45

35 — Deux scarabées dont un grand sans gravure. 48 *Lafaulotte*

36 — Deux scarabées : un forme d'œil humain et
un Phré et Tmeï. 9

37 — Scarabée sur lequel le cartouche de Touth-
mosis est répété quatre fois. 29

38 — Deux scarabées : Muris, épervier les ailes
déployées. 41 *Lafaulotte*

39 — Trois scarabées : Cynocéphale avec légende
au revers, femme couchée sur le ventre
et un scarabée noir. 31 *Louvre*

40 — Collier composé de deux fleurs de lotus,
d'un crocodile, du poisson Latus et de
deux balustres en or ; d'une Isis, de la 40

m..re d'Horus ou vase héri et de deux
oies troussées, dont une à deux têtes, en
terre émaillée ; d'un canard en verre
bleu ; d'une tête d'hippopotame et d'un
œil humain, avec hièroglyphes au revers,
et d'un Phallus en améthiste.

BRONZES.

41 — Amon-Ra debout coiffé d'un bonnet de forme
aplatie, surmonté de deux plumes.

41 *bis*. Autre divinité à tête d'épervier, coiffée
également de deux plumes.

LAPIS LAZULI.

42 — Deux figurines de Phré.

43 — Deux figurines de Tmeï, dont une très petite.

44 — Deux figurines de Bouto.

45 — Cinq figurines diverses.

MATIÈRES DIVERSES.

46 — Grand scarabée en basalte vert, la base est
sans gravure.

47 — Un scarabée en hématite et un autre en
cornaline.

48 — Petit vase rond (amphore) en albâtre et un
autre vase de forme évasée.

VASES GRECS EN TERRE PEINTE.

49 — Vulci. — Petite coupe à deux anses. Homme fuyant devant un sphinx.

20   65 — Nola. — Vase à une anse, ouverture évasée.
Un éphèbe assis.

17   66 — Nola. — Vase à une anse. Femme tenant
une draperie à la main.

11   67 — Nola. — Une coupe à piédouche et un vase
noir à deux anses.

10   68 — Nola. — Un vase et un plateau noirs sans
ornements.

21   69 — Nola. — Deux Lecytus, dont un orné d'un
sphinx.

7   70 — Nola. — Deux id. dont un avec palmettes.

9   71 — Nola. — Deux id. très petits. Un génie.

7   72 — Nola. — Deux vases bas à palmettes imprimées.

15   73 — Nola. — Deux petits vases noirs, l'un à côtes et l'autre uni.

18   74 — Nola. — Préfériculum. Trois éphèbes dra-
pés et une amphore noire à deux anses.

TERRES CUITES.

30   75 — Deux figurines votives tenant des fruits, et
Louvre   un sphinx en partie colorié.

BRONZES ÉTRUSQUES.

301   76 — Faune barbu couché, figurine bien modelée
Fould   présentant une belle patine brillante,
gris-bleuâtre.

125   77 — Anse de vase. Hercule combattant la reine
des Amazones ; entre les deux figures, un
masque de satyre.

78 — Mascaron provenant de l'anse d'un vase. Ce bronze d'une grande finesse et dépourvu de patine, pourrait bien être florentin.

VERRES ANTIQUES.

79 — Vase à trois anses, fond bleu, orné de chevrons blancs, bleus et jaunes.

80 — Vase à deux anses forme d'amphore, fond bleu, à chevrons verts et jaunes.

81 — Fragment d'un bas-relief, représentant une chimère, verre bleu.

82 — Autre fragment de bas-relief en verre bleu. Tête de Méduse.

83 — Mascaron en verre blanc opalisé.

84 — Deux lacrymatoires en verre blanc irisé.

85 — Une phiale en verre blanc, très irisée.

86 — Un plateau rond en verre irisé.

87 — Plusieurs perles en verre de diverses couleurs et divers fragments en verre égyptien.

MÉDAILLES ITALIENNES.

88 — Lionel d'Este, par Pisano.

89 — Jean-François de Gonzague, marquis de Mantoue, par Pisano.

90 — Cecilia, fille de J.-F. de Gonzagne, par Pisano.

91 — Don François de Gonzague. Meliolus dicavit.

92 — Raphaël Maffeus, Volaterr. scrip. apostol.

93 — Philippo Masserano, par Boldù.

94 — Sigismond-Pandolphe Malatesta, par Mathieu de Pasti.

95 — Isote de Rimini, avec voile, par le même.

96 — Isote de Rimini, coiffure bifurquée.

97 — Jeanne Albizza, femme de Laurent de Tor-
naboni.   *Fould, Dalut*

98 — Hieronymus de Sancto Geminiano, script.
apostol.

99 — Anthoine, bâtard de Bourgogne

100 — Alphonse, roi de Naples.

101 — Attobellus Averoldus.

102 — Pierre Arétin.

103 — Arioste.

104 — Charles, duc de Bourgogne.

105 — Dante.

106 — Julien et Laurent de Médicis, conspiration
des Pazzi, par Antonio del Pollaiuolo.

107 — Aristote.

108 — Pierre Bembo, cardinal.

109 — Jean-Paul Lomazzo.

110 — Jean-François Trivulce.

111 — Jacoba Corrigia.

112 — Jean Acmo, préteur de Vérone, par Jean-
Marie Pomedello.

113 — Hippolyte de Gonzague, âgée de XVI ans,
par Léon d'Arezzo.

114 — Jean-François de Gonzague.

115 — Marie, reine d'Angleterre, médaille dorée,
par Jacques Trezzo.

116 — La même, bronze.

117 — Antoine Perrenot.

118 — Dona Beatrix a Roias et Castro, signée RVT.
GA. Sans revers.

119 — Hieronymus Zanetti, senator optimus, par
Andrea Spinelli-Forzore, 1540.

MÉDAILLES FRANÇAISES.

120 — Louis XII et Anne de Bretagne.

121 — Philibert VIII et Marguerite.

122 — Henri II, médaille dorée.

123 — Catherine de Médicis, au revers de François II, de Charles IX et de Henri III, médaille dorée.

124 — Henri III et Marie de Médicis accolés, médaille dorée par G. Dupré.

125 — Henri IIII, au revers de Marie de Médicis, petite médaille dorée, par G.-P. Dupré.

126 — Marie de Médicis, grande médaille sans revers, par G. Dupré. Bronze.

127 — Marie de Médicis au revers du vaisseau, médaille dorée, par G. Dupré.

128 — Marie-Magdelaine, archiduchesse d'Autriche, *sans revers*, médaille dorée, par G. Dupré.

129 — Louis XIII, médaille ovale dorée, par G. Dupré.

130 — Louis XIII au revers de la Justice, médaille ronde dorée, par G. Dupré.

131 — Marco-Antonio Memmo, doge de Venise, médaille sans revers, par G. Dupré.

132 — Diane de Poitiers, revers, rare.

133 — Michel de Beauclerc, médaille ovale.

134 — Bas-relief. Chute de Phaëton.

MÉDAILLES ALLEMANDES.

135 — Charles-Quint, médaille en argent doré par Henri Reitz.

136 — Hieronymus Paumgartner, médaille sans
revers, 1553.
137 — Ambrosius Qucz. in sein. altr. XVII, 1525,
Anne Kolbin, c. z. 1526, deux médailles
sans revers.
138 — Grand sceau.
139 — Ferdinand III, sans revers.

SCULPTURES EN BOIS.

250

140 — Deux médaillons en bois de poirier, travail
allemand du commencement du XVIᵉ siè-
cle; Portraits d'homme et de femme en
costumes de l'époque avec inscription la-
tine et date de 1527.

177

141 — Autre médaillon en buis, travail allemand
du même temps; Portrait d'homme coiffé
d'un bonnet en usage chez les savants de
cette époque; on lit au revers un monogramme et une inscription allemande avec
la date de 1536.

145

142 — La Vierge debout sur un croissant, tenant
l'Enfant-Jésus dans ses bras; Statuette en
buis de travail allemand, dans le style de
Martin Schonganer.

100

143 — Petit bas-relief en buis: Chasse à l'ours et
au sanglier; les personnages portent le
costume allemand du XVIᵉ siècle; signé
L. D.

97

144 — Autre bas-relief plus grand : Chasse au cerf.

49

145 — Groupe en bois de chêne : le Couronnement
de la Vierge par Dieu le Père et par Jésus-Christ.

SCULPTURES EN IVOIRE.

146 — Espèce d'étui de travail oriental, en dent de
vache marine, il est couvert d'enroule-
ments et d'animaux chimériques, il porte
le nom de Mauricius gravé en creux d'un
travail plus récent.

147 — Beau bas-relief de forme ronde, provenant
d'une boîte à miroir du xive siècle, il représente l'attaque du château d'Amour par
des chevaliers couverts d'armures en usage
alors ; sujet tiré du *Roman de la Rose*, de
Jean de Meung.

148 — Autre bas-relief rond, provenant aussi d'une
boîte à miroir du xive siècle : Une demoi-
selle couronne un jeune homme à genoux
qui lui présente son cœur, un écuyer tient
la bride de deux chevaux dont on n'aper-
çoit que les têtes ; sujet tiré du *Roman de
la Rose*.

149 — Peigne gothique orné d'un bas-relief représentant des sujets d'amour sous des ar-
ceaux plein-cintre, supportés par des co-
lonnettes.

150 — Deux bas-reliefs sculptés et découpés à jour,
qui ont dû servir de couverture à un manuscrit ; ils représentent des scènes prises
dans la vie de la Vierge et de Jésus-Christ ;
les sujets sont placés sous des portiques
dont l'architecture est exécutée avec une
admirable délicatesse.

151 — Bas-relief sculpté à jour, provenant d'un

coffret : il représente huit sujets tirés de la vie du Christ; travail allemand du xvie siècle.

152 — Petit diptyque du xvie siècle : sur le volet gauche, la Vierge et l'Enfant-Jésus; sur celui de droite, le Christ en croix.

153 — Très belle statuette de sainte assise, travail italien du xve siècle; hauteur 29 centimètres.

154 — Chapelet ou dizain; composé de douze grains triangulaires; le grain principal représente une tête d'homme barbue et laurée, une tête de jeune femme et une tête de mort; chacun des autres grains est orné de trois têtes variées; travail du xvie siècle.

155 — Gros grain de chapelet en ivoire, de la même époque et du même style que le précédent.

156 — Peigne sculpté à jour, style du temps de François Ier; la frise qui sépare les deux rangées de dents est ornée de deux amours qui se terminent par des enroulements.

157 — Cuiller dont le manche est formé par un groupe de deux figures d'enfants tenant des fruits.

158 — Deux petits médaillons ovales : têtes d'empereurs romains, travail italien, et une petite frise d'arabesques.

VERRERIE DE VENISE.

159 — Vase à une anse et à côtes saillantes, décoré d'émaux sur fond d'or.

160 — Verre forme tulipe sur pied élevé à balustre *28*
    cannelé en spirale, avec ornements bleus.

161 — Autre verre à peu près de même forme. *60*

162 — Verre de forme très élevée à filigrane *60*
    blanc croisé et à bulle d'air, pied élevé,
    forme de balustre.

163 — Verre à couvercle, forme de calice, même *90*
    qualité.

164 — Autre verre forme évasée ; même qualité. *40*

165 — Coupe basse sur piédouche ; même qualité. *56*

166 — Autre coupe avec pied à balustre élevé ; de *83*
    même qualité.

167 — Burette à une anse et à goulot ; même qua- *47*
    lité.

168 — Bouteille à panse aplatie, garnie de quatre *83*
    belières, à filets blancs croisés sans bulles
    d'air.

169 — Verre forme tulipe, à filigrane blanc et *16*
    rose.

170 — Verre droit à couvercle et son plateau à fi- *34*
    ligrane blanc.

171 — Deux plateaux à filigrane blanc. *20*

172 — Une tasse à deux anses, id.

173 — Bouteille à panse ovoïde, filigrane blanc. *92*

174 — Petit vase à couvercle et côtes plates, en *71*
    verre mosaïque (dit mille fiori).

175 — Deux plateaux à pieds élevés. *30*

176 — Verre à boire, à filets blancs et roses.

FAIENCES ITALIENNES.

177 — Petit plat à peinture coloriée et à reflets *165*
    métalliques ; deux femmes devant un por- *Forrest*

tique; entre elles un Amour qui voltige.

Ce petit plat porte au revers la date de 1532 et le monogramme de Maistre Giorgio (Andreoli), célèbre céramiste de Gubbio.

299 178 — Plat à peinture coloriée, à reflets métalliques jaunes et rouges. Au milieu la louve allaitant Romulus et Remus, à droite la figure du Tibre et à gauche celle du berger. On lit au revers la date 1533, l'indication du sujet et le nom de Francisco Xanto de Rovigo, artiste de la fabrique d'Urbino.

150 179 — Plat à peinture coloriée : Hercule tuant Cacus qui lui dérobe un bœuf, au revers la date de 1532 et le nom de Francisco Xanto de Rovigo, à Urbino.

Ce plat porte l'armoirie de la famille Pucci.

80 180 — Petit plat : Jupiter et Léda, en regard un Amour avec un écusson de cardinal aux armes des Médicis, accolés à une tête de nègre (Famille Pucci).

95 181 — Petite assiette : Mars, Vénus et l'Amour.

275 182 — Plat : la Marche triomphale de Bacchus ivre, porté par deux Satyres, et précédé d'Amours qui sonnent de la trompe.

145 183 — Plat à ornements gris rehaussés de bleu , au centre une tête portant un casque ailé.

270 184 — Jatte à côtes : Neptune sur son char traîné par des chevaux marins, semble commander aux vents et aux flots en fureur.

80 185 — Plaque ronde portant un blason dans une

couronne de feuillages et de fruits, avec date de 1532.

186 — Plat à ornements irisés en jaune; dans le centre un buste de femme : *Camilla Bella.*

187 — Plat avec tête casquée au centre sur fond orangé, la bordure est ornée de dauphins et de chimères.

POTERIES EN TERRE FINE A ARABESQUES IMPRIMÉES.

Fabrication attribuee à un artiste italien du temps de Henri II.

188 — Chandelier richement décoré d'arabesques tantôt émaillées en noir sur fond blanc, tantôt en blanc sur fond noir. Il est de forme monumentale, du plus beau style, cantonné de trois figures de génie soutenant des écussons aux armes de France, de Henri II, et d'un double b lason qui nous est inconnu; ces figures sont supportées par autant de mascarons à face humaine, auxquels se rattachent des guirlandes émaillées en vert; le haut se termine en forme de vase et porte des écussons fleurdelysés et le monogramme du Christ.

Cet objet remarquable par son ensemble autant que par la finesse de ses détails, est, sans contredit, la plus belle pièce de toutes celles connues de cette précieuse faïence.

189 — Petite aiguière ornée d'arabesques émaillées en brun sur fond blanc, de lézards et de

grenouilles en relief émaillées en vert, l'anse et le goulot sont enrichis de mascarons d'une grande finesse.

190 — Petite coupe ronde, décorée dans le même style que les pièces précédentes, elle porte au centre les croissants croisés de Diane de Poitiers,

191 — Autre coupe à pied plus élevée, et d'une forme très élégante ; à l'intérieur se trouvent les emblêmes de Diane de Poitiers, surmontés d'une couronne royale.

192 — Biberon à une anse surélevée avec couvercle en deux parties mobiles réunies au moyen d'une charnière ; ce vase curieux est orné de mascarons et de guirlandes en relief ; au-dessous du goulot se trouve un écusson aux armes de France.

193 — Vase ovale à couvercle ; ce vase d'une forme très gracieuse est orné de mascarons et de coquilles en relief, à l'intérieur l'écusson royal.

POTERIES ÉMAILLÉES DE BERNARD PALISSY.

194 — Grand plat ovale, dont le milieu est occupé par une couleuvre couchée sur un îlot, entouré d'un courant d'eau où nagent trois poissons ; les bords de ce beau plat sont couverts de feuillages, de lézards, de grenouilles et de coquillages.

195 — Petit plat ovale, décoré de feuillages, de coquilles, d'une couleuvre et d'un lézard

disposés sur un fond lisse jaspé de bleu
et de brun.

196 — Plat ovale de même dimension, offrant les
mêmes objets disposés différemment, sur
un fond rocailleux, jaspé de bleu et de
brun. *299*

197 — Plat ovale à centre jaspé entouré de huit
salières alternativement de forme ovale
et en forme de rosaces, séparées entre
elles par des cornes d'abondance rem-
plies de fruits. *260*

198 — Plat ovale à centre jaspé, entouré de quatre
salières de formes rondes séparées entre
elles par autant de génies portant des at-
tributs de guerre. *360 Soltykoff*

199 — Plat ovale à quatre salières entourées par
une guirlande de chêne et séparées par
des palmettes découpées à jour, émaillées de blanc, de bleu et de vert. *275 Soltykoff*

200 — Plat ovale à centre de même forme entouré
de six compartiments ronds, formés d'entrelacs bleus et ornés de palmettes et de
fleurs, découpés à jour. *351*

201 — Corbeille ronde, dont les ornements sont
entièrement découpés à jour, avec belle
bordures de marguerites. Pièce parfaite
et remarquable. *490*

202 — Petite corbeille ronde ornée de mascarons
sur un fond d'ornements découpés à jour. *370*

203 — Plat rond décoré des chiffres de Henri II,
de Catherine de Médicis et de Diane de
Poitiers, découpés à jour et émaillés de
couleurs variées; les chiffres sont placés *1500 Rattier*

dans des entrelacs formés par des guirlandes de feuilles de chêne émaillés en
vert et en bleu clair.

204 — Autre plat semblable; mais dont les couleurs
de l'émail sont disposées différemment.

Ces deux pièces rares sont remarquables
par la finesse des ornements et leur conservation.

205 — Plat rond orné d'une rosace qui en forme
le centre et six mascarons entourés de
fleurs et de palmettes.

206 — Plat rond représentant des syrènes vues de
face tenant des vases de fleurs et montées
sur des dauphins.

207 — Plat rond à fond jaspé avec riche bordure
d'ornements.

208 — Plat rond orné d'une rosace composée de
rinceaux et d'ornements, ayant peu de
relief, de style oriental.

209 — Plat ovale, nymphe couchée dans des ro-
seaux appuyée sur une urne d'où s'é-
chappe un flot, auprès d'elle le chien *Be-
leau* découvrant une source. Ce sujet, per-
sonnification de *Fontaine-beleau* est exé-
cuté d'après un dessin du Rosso. Ce plat
est très rare.

210 — Aiguière décorée de trois médaillons ovales
représentant la Foi, l'Espérance et la
Charité, séparés par trois figures ailées
tenant des palmes et des couronnes, le
goulot est formé par une tête de chérubin, et l'anse ornée d'un masque de satyre.

211 — Saucière de forme oblongue, dont le fond est occupé par deux personnages groupés, Bacchus et Cérès.

212 — Figurine debout, le joueur de vielle.

213 — Figurine assise, la nourrice.

214 — Vase formé de coquillages et grenouilles.

215 — Deux petits plats ovales à bordures de marguerites, représentant Mercure *AER*, et Pomone *TERRA*, ces sujets sont moulés sur des médaillons d'un plat en étain de François Briot.

216 — Plat rond, Bacchus enfant, dans l'ivresse, est déposé par ses jeunes compagnons sur une corbeille de raisins, près de lui la panthère. Cette composition est attribuée au Primatice.

GRÈS DE FLANDRE.

217 — Petite bouteille munie de belières, décorée de fleurs de lis en relief, émaillées en bleu et en violet.

218 — Petite cruche fond gris avec ornements en relief, émaillée en bleu et en violet.

219 — Autre cruche à long goulot, couverte d'arabesques avec date de 1592, monture en étain.

FAIENCE FLAMANDE.

220 — Cruche fond marron, couverte de branche de fruits en relief émaillée en couleur.

ANCIENNE FABRIQUE DU MIDI DE LA FRANCE.

221 — Vase à une anse, fond brun à couvercle mobile, couvert d'ornements en relief émaillés en couleurs variées.

ÉMAUX INCRUSTÉS DITS BYZANTINS

DES XIIe, XIIIe ET XIVe SIÈCLES.

222 — Belle châsse en forme de tombeau, décorée de figures à têtes saillantes, représentant le Christ donnant sa bénédiction, les douze apôtres, les quatre évangélistes et des anges.

Cette pièce est des plus remarquables par la beauté de l'émail autant que par la belle conservation de l'or qui est légèrement en saillie.

223 — Petite custode carrée, décorée de têtes d'anges ailés sur toutes ses faces.

224 — Plaque cintrée dans le haut, représentant la figure en pied du prophète *Jonas* tenant une tablette portant une inscription. Très belle conservation.

225 — Deux bossettes rondes, portant l'une un écu de France semé de fleurs de lis sur fond bleu ; l'autre les armes d'Angleterre, trois léopards superposés, sur fond rouge.

226 — Douze autres pièces semblables dont les bordures sont découpées à jour et dorées, elles portent des écussons armoiriés parmi lesquels on distingue les armes des ducs

de Bourgogne, de Dreux, de Bretagne, les figures en relief de Philippe-Auguste et de Richard Cœur-de-Lion, etc.

ÉMAUX DE LIMOGES.

227 — L'Annonciation. Sous un riche portique, la Vierge est agenouillée devant un prie-Dieu, l'ange Gabriel suivi d'autres anges s'incline devant elle; deux saints placés sur des colonnes soutiennent une draperie au-dessus de laquelle apparaît Dieu le père dans une gloire entourée de chérubins, deux personnages en costumes civils sont placés sur l'entablement et tiennent des banderoles.

Très belle peinture en émaux de couleur sur paillons et rehaussée d'or de style gothique allemand du xve siècle.

228 — Frise sur laquelle sont représentés quatre anges vêtus de longues robes. Même style que la pièce précédente.

229 — La Vierge et l'ange Gabriel (l'Annonciation), en deux plaques provenant d'un triptyque; émaux de même époque et même style que les précédents. Très belle conservation.

230 — Cortège funèbre de Psyché, il est précédé de sonneurs de trompes et suivi de sa famille. Belle grisaille légèrement teintée et rehaussée d'or, signée L. L. 1545.

Ce sujet est copié d'après un des dessins que Raphaël fit pour le palais de la Farnesine à Rome et gravé par Marc-Antoine.

231 — Portrait de Henry d'Albret, roi de Navarre, vêtu de noir, décoré de l'ordre de Saint-Michel et coiffé d'une toque ornée d'une plume blanche, peinture coloriée sur fond bleu, signée L. L. 1561.

232 — La Sibylle de Cumes en pied placée dans une niche. Une banderolle indique son nom.

Peinture coloriée et à paillons, rehaussée d'or, signée L. L.

233 — Diptyque de forme cintrée composé de quatre plaques, sur le volet de gauche est représentée la Vierge aux Sept Douleurs entourée de médaillons où sont représentés des sujets tirés de la vie du Christ; dans le haut l'Annonciation.

Sur le volet de droite la mort de la Vierge entourée des apôtres, dans le haut son couronnement.

Grisaille teintée rehaussée d'or, signée P. R.

234 — Coupe à couvercle, le pied en forme de balustre. Les peintures grisailles représentent : à l'intérieur Énée racontant ses aventures à Didon ; sur le pied l'enlèvement d'Helène ; sur le balustre Neptune et une syrène ; à l'extérieur du couvercle la marche triomphale de Bacchus et de Silène, et à l'intérieur des enfants jouant d'instrumens de musique.

Cette belle coupe n'est pas signée ; mais elle est indubitablement de Pierre Reymond.

235 — Deux salières droites de forme hexagone, les peintures grisailles représentent les travaux d'Hercule, les parties concaves sont ornées de têtes entourées d'ornements, elles sont signées P. R.

236 — Peinture grisaille, carré-long; Didon recevant Enée. ÆNEAM RECIPIT, signée P. R. 1540.

237 — Deux peintures représentant saint Jacques et saint Philippe, sous des portiques à colonnes, grisailles légèrement coloriées, signées P. R.

238 — Jésus devant Pilate, entouré de soldats; grisaille teintée, signée P. R., 1545.

239 — Deux assiettes à peintures grisailles teintées, rehaussées d'or; représentent, sur l'une, Eve présentant à Adam le fruit défendu, sur l'autre, Adam et Eve chassés du Paradis terrestre; les bordures sont composées de petites figures moitié homme, moitié lion, soutenant des cartouches; au revers, une tête dans une riche rosace, et bordures à dragons chimériques, signées P. R. 1560.

240 — Email rond à peinture grisaille; l'entrée de Jésus-Christ à Jérusalem, signé au revers, P. R.

241 — Deux petits émaux ronds à peintures grisailles; sur l'un, deux personnages en costumes du temps de François 1er, *Hélène et Paris*; sur l'autre, homme nu à cheval, *Tarquin*.

242 — Douze assiettes — Série complète des douze

mois de l'année, représentés par des scènes qui caractérisent chacun d'eux.

Janvier. — Le repas auprès du feu.
Febvrier. — Après le repas.
Mars. — La chasse au cerf.
Avril. — Le tête-à-tête troublé par la folie.
Max. (sic) — La promenade à cheval.
Jving. — La tonte des moutons.
Jvillet. — La fauchaison.
Aovst. — La moisson.
Septembre. — La vendange
Octobre. — Les semailles.
Novembre. — La saignée du cochon.
Décembre. — Le gâteaux des rois.

Le signe du zodiaque qui régit chaque mois, est figuré dans le haut du sujet.

Grisailles rehaussées d'or, carnations teintées, bordures variées, revers très riches d'ornementation, tous signés I. C. Monogramme de l'émailleur, Jean Courtois.

Diam. 20 cent.

243 — Jésus-Christ mis au tombeau, grisaille teintée; la plaque de cuivre de cet émail est frappée au revers d'un poinçon portant un P. couronné qui se termine inférieurement comme un L.; marque de l'émailleur, Jean Penicaud,

244 — L'Annonciation, émail rond à peinture grisaille teintée, portant au revers la même marque.

245 — Les Noces de Psyché, grisaille teintée, *1560.* rehaussée d'or ; sujet copié d'après Raphaël. Cette belle peinture est attribuée à J. Penicaud.

246 — Deux petites assiettes à peintures grisailles, *360* rehaussées d'or, les mois de FEBVRIER et de DECEMBRE ; les bordures sont composées de fruits et de mascarons, au revers des entrelacs avec bustes, dans une couronne de feuillage d'or. Ces deux pièces portent des armoiries, et l'une d'elles est signée au revers ICDV, initiales de *Jean Court, dit Vigier*, émailleur, qui florissait à Limoges en 1556, et dont les œuvres sont fort rares.

247 — Deux petits émaux ronds, un cavalier nu et un satyre ; grisailles.

248 — Couvercle de coupe ; le triomphe de Diane sur un char traîné par des cerfs, et suivi d'amours enchaînés : grisaille teintée.

249 — Deux salières à pieds en forme de balustre *881* à peintures grisailles teintées ; sur les pieds, les fils de Jacob venant acheter du blé en Egypte, et Joseph se faisant connaître à ses frères ; sur les balustres des divinités marines, dans les parties concaves des écussons émaillés en bleu, dont l'un porte en grand R. en or ; l'autre, un coq, une étoile et les lettres R. D. ; les bords sont décorés de fruits et de mascarons.

Ces deux belles pièces sont signées P. C.

250 — Salière ovale à teinture grisaille teintée, ornée au pourtour d'un sujet avec inscription ; dans la partie concave, une tête laurée et barbue placée au centre d'une bordure de fruits, signée P. C.

251 — Petit bassin à peinture en émaux de couleur sur paillons, et rehaussés d'or. La Circoncision, composition de onze figures, avec l'inscription suivante, placée au bas de ce sujet : *Christus octava die circumciditur ;* la bordure est composée de dragons chimériques, de fruits et de fleurs avec mascarons et armoiries.

Le revers à peinture grisaille teintée est décoré de trois cariatides dont les bras s'enlacent dans des rinceaux d'ornements, signé I. C.

252 — Assiette à peinture grisaille teintée, représentant le sacrifice d'Iphigénie ; au revers, quatre cariatides se terminant en gaîne, signée I. C.

253 — Actéon changé en cerf et dévoré par ses chiens, grisaille attribuée à l'émailleur Pape.

254 — Coffret dont la mouture en cuivre ciselé et doré est du temps. Il est garni de douze plaques représentant les portraits des douze Césars, dans des couronnes de laurier soutenues par des génies ailés ; sur les côtés du couvercle, des enfants couchés tiennent chacun une tête de mort, avec cette inscription : *Memento mori, dico.*

255 — Deux plaques en lozanges à centres ronds en saillie, peintures de couleur rehaussées d'or ; sur l'une, un buste de femme coiffée d'une toque, avec inscription ; sur l'autre, un buste de vieillard couronné de lauriers, avec inscription ; sur le reste du champ, de beaux ornements.

256 — Jésus portant sa croix ; au-dessus, le Père éternel.

Le Saint-Esprit descend sur la Vierge et sur les apôtres.

Ces deux grisailles portent des inscriptions.

257 — Petit émail rond, peinture coloriée ; le portrait en pied de saint Louis, en costume du temps de François 1er, avec cette inscription : *Sane Loys prie pour nous.*

258 — Petite grisaille ronde ; combats de cavaliers nus.

259 — Plaque carré-long ; le triomphe d'Amphitrite, grisaille teintée.

260 — Deux petites peintures grisailles, très fines ; la Sainte-Famille, groupe du figures placées devant un monument d'une architecture très riche.

L'Adoration des Bergers.

261 — Email vénitien ; bassin rond en cuivre repoussé, orné de godrons en spirale et d'ornements divers en relief ; il est fond bleu, semé de fleurs de lys d'or. Plusieurs

parties de l'ornementation sont émaillées en vert et en blanc, rehaussées d'ornements d'or.

OBJETS DIVERS.

262 — Étui du xv⁰ siècle, en argent doré ; il a la forme d'une tour hexagone à fenêtres ogivales et clochetons, flanquée de deux tourelles rondes crénelées et évidées, servant de béllères.

263 — Petite trousse allemande, en argent ciselé, contenant deux petits couteaux.

264 — Trois entrées de serrures gothiques, en fer repoussé et découpé à jour.

265 — Verrou en fer repoussé, provenant du château d'Ecouen, sur lequel sont les armes de France ; des arcs, des flèches, le chiffre de Henri II, les croissants de Diane de Poitiers, avec la devise, *donec totum impleat orbem.*

266 — Belle clé en fer ciselé, formée par un riche chapiteau qui sert de base à deux chimères dont les extrémités se terminent en volutes, réunies par une tête de chérubin ; ces deux chimères supportent un entablement surmonté de deux têtes de dauphins, et d'un petit vase à godrons, muni d'un anneau de suspension.

267 — Fermoir d'escarcelle, décoré de mascarons et de feuillages, en fer ciselé et doré.

268 — Bronze Florentin ; enfant assis sur un Dauphin, et supportant une coquille.

269 — Sonnette en métal, ornée d'arabesques en relief, et portant deux inscriptions, avec date, 1544.

270 — Petit manuscrit italien du xvie siècle, contenant un calendrier et douze miniatures de la plus grande finesse et d'une fraîcheur parfaite.

271 — Petit cadre ovale en argent doré, contenant d'un côté le portrait de *Paul Phelippeaux, seigneur de Pontchartrain, secrétaire et ministre d'État*, miniature peinte à l'huile sur argent ; de l'autre côté le portrait de *Anne de Beauharnais MDCX*, peint sur or.

272 — Portrait de femme, miniature peinte à l'huile, sur cuivre.

273 — Portrait d'homme à grande barbe, avec cette inscription : *Sixtus Esselin ætatis suæ anno 1553* ; médaillon rond, travail allemand, sur pierre lithographique.

274 — Canette en étain du xvie siècle, décorée de trois médaillons où sont représentées les figures allégoriques de la Patience, de l'Adresse et de la Force, le reste du vase est orné de mascarons et d'arabesques ; il est marqué sous le fond d'un poinçon portant les lettres I. F.

275 — Deux petites assiettes en étain, ornées d'arabesques et de cavaliers en relief.

33 276 — Bronzes italiens : deux bustes d'enfants ayant servi de boutons de porte, et une armoirie surmontée d'une couronne.

74 277 — Quatre écoinçons en argent doré, ornements d'un cadre.

16 278 — Un miroir métallique du xvie siècle.

12 279 — Bas-relief en albâtre de Laguy, travail du xvie siècle.

2435 Imprimerie Maulde et Renou, rue Bailleul, 9 et 11.